DE L'INFLUENCE

DE

LA LOI DES SUCCESSIONS

SUR LE

DÉVELOPPEMENT

DES

COLONIES

Avec une Notice sur l'Union de la Paix Sociale

PAR

M. ROBERT

CHANOINE DE ROUEN

HAVRE

ALBERT MIGNOT, IMPRIMEUR-ÉDITEUR

Rue de l'Hôpital, 16.

DE L'INFLUENCE

DE

LA LOI DES SUCCESSIONS

SUR LE

DÉVELOPPEMENT

DES

COLONIES

Avec une Notice sur l'Union de la Paix Sociale

PAR

M. ROBERT

CHANOINE DE ROUEN

HAVRE

ALBERT MIGNOT, IMPRIMEUR-ÉDITEUR

Rue de l'Hôpital, 16.

DE L'INFLUENCE

DE

LA LOI DES SUCCESSIONS

SUR LE

DÉVELOPPEMENT

DES

COLONIES 

La France vient d'être témoin d'un fait entièrement nouveau pour elle. Nous avons vu l'exil volontaire de la population d'un de nos départements (2) allant chercher, sous d'autres cieux, des lois protégeant mieux que les nôtres l'avenir et la prospérité des familles. Ce fait a produit parmi nous une impression pénible. Il contrastait

---

(1) Cette étude a été insérée en abrégé dans le *Journal de l'Arrondissement du Havre*. M. Le Play ayant désiré qu'elle fut publiée à part, pour la faire entrer dans la *Bibliothèque annexe de l'Union de la Paix sociale*, l'auteur et M. Mignot, l'éditeur, se sont fait un devoir de déférer à ce désir. — Le lecteur trouvera à la fin de cet écrit une notice sur l'*Union de la Paix sociale*.

(2) Celui des Basses-Pyrénées

singulièrement avec l'idée avantageuse que nous aimons à nous faire de nos lois civiles. Et cependant, si désagréable que cela puisse être pour notre amour-propre, il n'en demeure pas moins avéré qu'après avoir épuisé tous les moyens d'échapper aux conséquences désastreuses du partage forcé des successions, les Basques ont trouvé sur les rives de la Plata la sécurité du foyer domestique devenue impossible sur les bords de l'Adour.

Mais si l'exode d'une population éminemment française a frappé nos esprits, ce résultat du partage forcé n'est pas le seul qui doive appeler notre attention. M. Le Play, auquel revient l'honneur d'avoir porté sur ces questions le flambeau de l'expérience, en a signalé d'autres encore, et elles se vérifient tous les jours. Entre ces conséquences prévues ou expliquées, notons la diminution continuelle de notre fortune publique et de notre expansion au dehors par l'établissement et le peuplement des colonies. Mettre en lumière ces résultats et montrer les fruits que les autres peuples recueillent de la liberté testamentaire, tel est l'objet de cette étude. Or, comme il est deux peuples que la Providence a placés en regard l'un de l'autre et qu'elle appelle pour ainsi dire à une comparaison perpétuelle dans leur vie publique et privée, nous allons mettre en parallèle la France et l'Angleterre considérées spécialement dans leur développement extérieur.

Commençons par la France et demandons-nous ce que devient notre établissement colonial. Notre nation n'est-elle pas malheureusement sous ce rapport comme paralysée? Comment le peuple français en est-il venu à ce point qu'on s'est demandé s'il était colonisateur, et s'il n'y avait pas dans son génie un obstacle à cette expansion au dehors, signe d'une race prospère et féconde ? A ces questions nous pouvons répondre simplement qu'il a été un temps où nous avons fait nos preuves comme colonisateurs. Il faut donc chercher dans des circonstances relativement récentes l'explication de cette sorte d'impuissance dans laquelle nous sommes tombés.

Certes ! la question qui nous occupe n'aurait pas été posée au temps où les Dieppois s'établissaient au Canada et fondaient sur la côte de Guinée ces comptoirs où ils faisaient presque seuls alors le commerce de l'or, du poivre, et de cette ivoire, source pour eux d'une industrie dont leur ville est encore le siége. En ces temps-là notre pavillon abritait le Canada, la Louisiane, la moitié de Saint-Domingue et la plupart des Antilles. Nous étions établis à Madagascar et la Compagnie française des Indes, après avoir fondé en France pour ses flottes le port de Lorient (l'Orient), tenait tête aux Anglais avec autant de succès que de courage. Le commerce maritime de la France ne le cédait alors à celui d'aucune autre nation. Mais autant il était plein de séve et de vie, autant aujourd'hui, il faut bien le dire, il semble en être totalement dépourvu.

Pour nous en convaincre, examinons l'état de nos possessions d'outre-mer, en nous bornant à celles dont le territoire étendu ouvre un large champ à la colonisation.

En Amérique, il nous reste la Guyane. On vient d'y découvrir des gisements d'or qui ne sont pas sans importance, une Compagnie *américaine* se présente seule pour les exploiter. Là, dans les forêts, outre des bois précieux, les noix de Carapa couvrent dans la saison des espaces qui se comptent par kilomètres carrés sur une épaisseur de dix centimètres. Ces noix donneraient trente pour cent d'huile; mais elles pourrissent sur place, aucune maison française ne se donnant la peine de les recueillir.

En Asie, où la Révolution, en détruisant notre marine, nous a fait perdre nos possessions de l'Inde, nous avons conquis six provinces de la Cochinchine et le royaume d'Anmam, se trouve par le fait, sous notre protectorat; mais là, notre pavillon n'abrite guère encore que des négociants chinois.

En Australie, nous avons la Nouvelle-Calédonie où nos déportés politiques aiment mieux vivre de leur ration de prisonniers que de se mettre à travailler. Cette île offre à l'industrie des mines de Nickel d'une extrême richesse; ce sont des *Anglais* qui se présentent pour les exploiter.

Enfin si nous faisons le tour de l'Afrique dont l'intérieur contient des richesses qui sont aujourd'hui le point de mire des nations commerçantes, que voyons-nous?

En commençant par la Mer Rouge, devenue la grande route de l'Orient, nous avons en Abyssinie un établissement à Massaouah. Cette colonie française se compose *de trois personnes,* le vice-consul, un naturaliste pisciculteur et un commerçant!

A Madagascar, tous les établissements que nous avions formés sur la grande terre ont été abandonnés.

Sur la côte occidentale du continent africain, dans la partie qui s'étend de l'Equateur vers le sud jusqu'au 8e parallèle on compte cent vingt-huit comptoirs européens. On y fait le commerce du caoutchouc, des arachides, de l'ivoire, etc; de ces cent vingt-huit comptoirs, quinze appartiennent à *une seule* maison française (MM. Daumas Lartigue et Cie), sans laquelle notre commerce n'aurait pas là un seul représentant.

Dans le golfe de Guinée. notre pavillon abrite quatre stations : Bassam, Onéida, Assinie et le Gabon. A l'exception de cette dernière possession où se trouvent les comptoirs des maisons Pilastre et Dubarry, du Havre, tout nous paraî être tellement indifférent que notre gouvernement est disposé à céder ces possessions à l'Angleterre en échange de la seule rivière de Gambie. Cependant, par un traité en forme, le roi des Achantis a cédé à un français le monopole du commerce dans les rivières d'Assinie et de Fanto. Ces rivières arrosent des contrées industrieuses et très fertiles. C'est une mine à exploiter, la laisserons-nous aux commerçants anglais ? C'est le plus probable.

Au nord de la Guinée, sont nos possessions du Sénégal. Elles s'étendent depuis la colonie anglaise de Sierra-Leone jusqu'à Portendick, sauf les établissements anglais de la Gambie. Jusqu'ici sur ce littoral, les rivières seules sont ouvertes au commerce. La première que nous rencontrons en avançant vers le nord est la Mellacorée, et le seul comptoir français qui s'y trouve est tellement perdu parmi les factoreries anglaises que dans cette terre *française,* la langue officielle est *l'anglais.*

Plus au nord, dans le Rio-Pungo, la France est représentée par un seul homme, qui est tout à la fois le commandant et la garnison. Il est logé dans une masure sur laquelle flotte le pavillon français. Ce fonctionnaire est un créole de Saint-Louis, flanqué de deux douaniers, leur présence suffit pour maintenir la paix dans la contrée, tant notre nom y est respecté.

Plus vers le nord, nous trouvons le **Rio-Nunez** dont le territoire produit le meilleur café qui existe. Il aura bientôt disparu ; les nègres qui exploitent cette plante étant dans l'habitude de la détruire pour avoir la graine. Il ne se trouve pas un seul planteur français pour diriger cette culture !

Vient enfin le Sénégal proprement dit, ce legs de l'ancien régime et qui se trouve toujours à peu près tel qu'il nous l'a laissé. Le fleuve s'avance vers l'Est dans une étendue d'environ deux cents lieues. Nous y faisons le commerce de la gomme, mais sans aucun effort sérieux pour utiliser dans tout son cours ce fleuve magnifique.

Enfin, sur les bords de la Méditerranée, nous avons l'Algérie, cette magnifique conquête de la Restauration, placée aux portes de la France et si lentement peuplée par elle. Le gouvernement français a dépensé des millions pour en faciliter la colonisation et cependant l'élément français est menacé d'y être primé par l'élément espagnol.

En Algérie, pour pénétrer dans cette Afrique centrale, objet de tant d'espérances, des ingénieurs français ont étudié les tracés d'un chemin de fer qui traverserait le désert. Le devis en est fait. C'est une dépense d'environ cinq cents millions, et ces millions ouvriraient un débouché à des richesses incalculables. Mais croyez-vous que cela tentera nos capitalistes et que ce placement sera préféré aux fonds Turcs ou aux Honduras ? C'est douteux.

Avançons encore plus près de nous. Voici la Corse, terre française depuis Louis XV. Son littoral, d'une fertilité merveilleuse, demanderait à être protégé contre l'invasion de la mer. Faute de ces travaux de défense, ce littoral est malsain et demeure inculte. Or, que propose une étude très-intéressante sur l'état de ce pays ? C'est à n'en pas croire ses yeux. Le moyen proposé, c'est que le gouvernement (toujours bien entendu le gouvernement) exproprie ces terrains, fasse les travaux de défense voulus, consacre à tout cela quelques millions et offre ensuite gratuitement ces terrains assainis à ceux qui voudront bien les accepter !

Voilà où en est chez nous l'esprit d'entreprise.

Peu avant nos révolutions, l'Académie de Berlin mettait au concours cette question : « Qu'est-ce qui a rendu la langue française universelle? » Hélas! que devient aujourd'hui cette prérogative glorieuse? La moitié du monde maritime parle anglais, et l'autre moitié presque en entier parle espagnol. Il y a 262 journaux allemands aux États-Unis; et dans la Russie, si française par la langue, les journaux allemands sont plus nombreux que les journaux russes! Mais si partout il y a des journaux anglais et allemands, c'est qu'il y a pour les lire des Anglais et des Allemands. Quant à nous autres Français, casaniers et stériles, notre influence baisse tous les jours, tandis que grâce à l'exubérance de sa population, l'Angleterre, comme nous allons le voir, envahit à pas de géant le commerce maritime du monde entier.

Étudions dans un fait récent l'esprit d'entreprise de nos voisins.

Le Parlement du cap de Bonne-Espérance ayant exprimé le vœu que les limites du territoire de cette colonie fussent reculées vers le nord du 28e au 23e degré de latitude, le gouverneur, sir Henry Barkley, a répondu, le 30 septembre dernier, qu'il a été officieusement informé que cette demande serait favorablement accueillie par le gouvernement britannique, en sorte que cette annexion sera prochainement un fait accompli. La contrée dont il est ici question fait partie de la Cafrerie. Elle occupe le long de la côte, une étendue de 345 milles, c'est-à-dire que d'un trait de plume, la colonie du Cap va être agrandie d'un territoire grand comme la France.

Et déjà la seule Australie est grande comme l'Europe.

Or, ce qu'il convient de remarquer ici, c'est la marche suivie par l'Angleterre dans l'extension de ses colonies. Chez elle, *la population marche d'abord* et *le gouvernement la suit*, à l'encontre de *la France* dont *le gouvernement avance, mais que la population ne suit pas.* Ainsi nous avons vu, il y a peu de mois, l'Angleterre s'annexer les deux cents îles qui composent l'archipel Fidgi ; mais cinq mille Anglais s'y étaient d'abord établis de leur propre mouvement. Et si aujourd'hui le même gouvernement est sollicité de s'annexer la Nouvelle Guinée et la Polynésie, c'est-à-dire d'ajouter à ses possessions un immense empire maritime, c'est que là aussi ses pionniers le devancent. Montés sur de légères goëlettes et ne prenant conseil que d'eux-mêmes, les Anglais de l'Australie vont explorer ces îles, souvent en se cachant pour se créer de petits monopoles où ils font la troque. Ils finissent par s'y implanter, et ils avancent avec une telle ardeur que le gouvernement anglais, pour paraître observer les convenances, est obligé de se tenir sur ses gardes et ne pas s'engager plus vite qu'il ne lui convient dans des agrandissements qu'au fond du cœur il désire.

Et, chose vraiment triste à dire, plusieurs des archipels dont nous parlons ont été découverts par nos marins. On y lit des noms français. Ces parages ont été le théâtre des travaux d'hommes tels que les Bougainville, Lapeyrouse, d'Entrecarteaux et Dumont-Durville. Il est plusieurs de ces terres dont nos marins ont pris possession au nom de la France; mais à quoi bon? puisqu'aucun Français ne s'y établit.

La cause immédiate de cette inégalité entre la colonisation française et la colonisation anglaise est évidente. Elle tient à ce que la population anglaise déborde, il lui faut donc sans cesse de nouveaux territoires, tandis que la population française végète et n'arrive même pas à peupler les colonies que nous possédons. Quant à la cause première de ces différences, des esprits sérieux, M. Le Play à leur tête, la trouvent dans la différence qui existe entre les deux pays dans le mode de transmission des héritages.

Au premier abord, cette explication peut surprendre; mais constatons les faits avec impartialité : En France, à la mort du père, la loi s'empare de sa fortune et ne lui laisse la disposition que d'une petite partie de son bien. En Angleterre la faculté de tester est illimitée, sauf le cas ou le père n'a pas disposé de sa fortune par testament. La loi attribue alors les immeubles à l'aîné des enfants mâles et le mobilier se partage entre les autres enfants.

Or, ce qui est incontestable, c'est qu'à côté de ces différences, il se présente à nos yeux un fait évident : savoir qu'en Angleterre les familles généralement sont plus *longues* qu'en France; et une première cause qui se présente à l'esprit de l'observateur, c'est que chez les Anglais le mariage est plus vrai que chez nous. Là, par la force des choses, les mariages sont des mariages d'inclination, et ils le doivent précisément à cette loi qui chez eux règle le partage des héritages.

Il a fallu certainement à nos voisins toute l'indépendance de leur esprit pour régler ainsi qu'à la mort du père, les filles n'auraient dans la succession que leur part du mobilier; mais, entr'autres conséquences d'une législation si étonnante pour des oreilles françaises, c'est que les Anglaises, ayant toutes ordinairement peu de fortune, on les épouse pour elles-mêmes et pour l'affection qu'elles inspirent. Que des unions ainsi assorties soient par là même plus fécondes, cela n'a rien de surprenant.

En France, les choses se passent autrement. Chez nous la sœur héritant au même titre que son frère, il s'ensuit que le jeune homme à marier, s'il est riche, entend avoir pour épouse une héritière qui apporte autant que lui; tandis que le jeune homme peu fortuné ne cherche cette héritière qu'avec plus de zèle. De là des mariages tardifs. Or, qui dira les inconvénients d'une longue attente pour des jeunes gens, surtout s'ils sont formés à l'école de la morale indépendante qui tarira en eux, avec la santé, jusqu'aux sources de la vie.

Mais ce n'est pas tout. Combien de nos mariages de *raison* ou *d'argent* ne sont-ils pas avant tout des mariages sans affection? Cet état est désolant; il faut pourtant que l'épouse s'y résigne. Quant au mari, chacun sait que s'il ne trouve pas chez lui (l'innocent !) la sympathie dont son cœur a besoin, il lui est loisible d'aller la chercher ailleurs. Chacun sait que pourvu qu'il respecte le domicile conjugal, il peut entretenir des concubines, dévorer le plus clair des revenus de la famille, porter la corruption et la désolation dans les familles pauvres et n'en être pas moins blanc comme neige aux yeux du Code Napoléon.

Ici, quelles tristes révélations nous pourrions faire sur

l'état moral de nos grandes villes ! Mais contentons-nous
de faire observer que quelqu'étrange que soit à nos yeux
ce point de législation anglaise, les biens immobiliers,
pour être la part de l'homme, n'en entrent pas moins dans
les familles, et qu'en fin de compte les Anglaises ne se
marient ni moins, ni moins vite que les Françaises et c'est
même le contraire qui est la vérité.

Maintenant, après nous être occupés de la moitié la plus
aimable du genre humain et des satisfactions que la loi
anglaise lui assure du côté des affections en même temps
qu'elle les lui refuse du côté des immeubles, il est temps
d'en venir à la population virile qui est ici la plus directe-
ment en cause. En s'occupant des lois testamentaires qu'il
signale comme celles qui donnent la paix à un pays,
il n'est pas de point que M. Le Play ait mis en lumière
avec plus de force que la *nécessité d'une union indissoluble
entre la famille et son foyer*. Or, cette union qui devrait
être si solide, la loi française ne travaille pour ainsi dire
qu'à la détruire.

Voyons les choses dans la pratique. Un père meurt,
et laisse en héritage, soit un atelier formé ou maintenu
par ses soins, soit un patrimoine qu'il tient lui-même de
ses prédécesseurs. Il laisse en même temps plusieurs
enfants. L'atelier ou le patrimoine bien administré pourrait
subvenir aux besoins et à l'établissement des membres de
la famille. Il suffirait pour cela que le père pût laisser à
l'un d'eux, au plus capable et avec l'autorité nécessaire,
l'atelier paternel ; mais ce pouvoir, la loi le lui refuse.
Si le bien ne peut être partagé, il faut qu'il soit vendu
et vendu dans les conditions les plus désavantageuses.
Ce sera souvent une ruine complète pour la famille, et

un mal sans remède ; car supposé que tous les enfants
moins un, sentant le besoin de ne pas opérer cette vente,
s'entendent pour demeurer unis, si parmi eux il s'en
trouve un seul, qui, pour les plus mauvaises raisons, veuille
le partager. le Code prend parti pour cet insensé, et lui
donne raison contre tous.

Pour démontrer les effets désastreux de ce régime,
M. Le Play cite l'exemple d'un journalier ordinaire, agri-
culteur, possesseur d'un petit champ, d'un jardin avec
une chaumière et un petit mobilier. Cette possession
modeste abritait et nourrissait le père avec quatre enfants
en bas âge. Le tout représentait une valeur vénale d'environ 900 francs.

Le père meurt, le bien est vendu. Cette vente produit
725 fr. Les frais de succession et de liquidation s'élèvent
à 694 fr. 63, en sorte qu'il reste aux quatre enfants
37 fr. 23 à partager entre eux !

Et c'est là chez nous une histoire de tous les jours
sans parler des cas nombreux où les frais enlèvent l'héritage entier et même en dépassent la valeur. En 1852,
le garde des sceaux constatait qu'en 1850, 1,980 ventes
d'héritage d'une valeur moindre que 500 fr., avaient
produit 588,092 fr. et occasionné en frais une dépense
de 628,906 fr.

Voilà l'état réel des choses chez nous, et il se trouve en
France des hommes qui défendent au nom de la démo-
cratie un régime qui semble fait pour empêcher les familles
d'ouvriers de devenir propriétaires ; car comment y arri-
veraient-elles, si de génération en génération, leur petite

épargne au lieu de s'accumuler est mangée par les frais
de succession et par le partage obligatoire.

Voilà pour les petites fortunes ; supposons maintenant la fortune assez grande pour subir cette épreuve.
Tous les enfants seront riches, mais qu'il se trouve parmi
eux un fléau de famille, la loi refuse au père le droit de
le déshériter, il peut, s'il le veut, se conduire indignement,
braver l'autorité paternelle et vivre à loisir dans la paresse
et le désordre, sans que le père puisse lui en ôter les
moyens. De là cette génération nombreuse de *Gommeux*,
de *Petits Crevés*, dont on se rit, mais qui supportent
aisément dans le luxe des railleries qu'ils ont mises sous
leurs pieds.

C'est en cherchant un remède à ces maux que les
Chambres de commerce de Paris et de Bordeaux, sont
arrivées, la première à indiquer comme « un objet d'étude
digne du législateur », la seconde, comme « une nécessité
nationale », la restitution au père de famille du droit de
disposer de ses biens (1).

« En France, dit la Chambre de commerce de Paris,
» un jeune homme de famille aisée compte sur la fortune
» que lui laissera son père. Un jeune Anglais compte sur
» lui-même pour se créer un avenir. De là cette fâcheuse
» tendance de la plupart de jeunes Français à rechercher
» des positions plus agréables que productives et à rester
» dans leur pays, lorsqu'Anglais, Allemands et Suisses,
» vont au loin chercher la fortune qui assure leur indé-
» pendance. »

---

(1) Les citations qui suivent sont extraites d'un travail inséré dans
l'Annuaire de l'Union pour l'année 1875, par M. le Comte
de Butenval.

« En Angleterre et aux Etats-Unis, dit la Chambre de
» commerce de Bordeaux, là où le partage forcé n'existe
» pas, les enfants au lieu de compter sur la fortune du père,
» songent de bonne heure à se créer par le travail une
» position indépendante.

« Il n'en est malheureusement pas de même parmi
» nous. Les enfants dont les parents possèdent une cer-
» taine fortune, entendent répéter autour d'eux *qu'ils n'ont*
» *pas besoin de travailler.* Leur vanité flattée croît avec
» l'âge et quand vient le moment d'embrasser une carrière,
» beaucoup d'entr'eux préfèrent le plaisir au travail. »

« Il résulte du partage obligatoire et de ce droit de
» réserve une autre conséquence non moins désastreuse
» au point de vue économique et social. D'une part, l'avoir
» d'un certain nombre de familles va décroissant parce
» que les enfants sont détournés par cette disposition de
» la loi, de la voie féconde de l'épargne, et de l'autre,
» les familles cèdent trop souvent à la répugnance natu-
» relle de descendre du rang qu'elles occupent et au désir
» de laisser à chacun de leurs enfants une part plus forte.
» Ne peut-on pas trouver dans ces faits patents l'une des
» causes principales de la lenteur du développement de la
» population Française ?

Ainsi donc, de deux choses l'une, ou la stérilité systé-
matique des familles ou l'amoindrissement de leur fortune
et de leur position.

C'est sur ce dernier résultat que les Anglais ont compté
lorsque, devenus possesseurs de l'Ile de France, ils ont
donné aux familles Anglaises qui s'établissaient dans la
colonie la liberté testamentaire, tandis qu'ils ont laissé les

anciennes familles Françaises, malgré leurs sollicitations, soumises au Code Napoléon, et ils l'ont fait afin de détruire leur influence en ruinant leur prospérité.

Au reste, les Chambres de commerce de Paris et de Bordeaux, n'avaient pas eu l'initiative de ces remarques. En 1865, cent trente-deux manufacturiers et commerçants de Paris, dans une pétition au Sénat, pétition pleine de force et de raison, sollicitaient dans l'intérêt du commerce la liberté testamentaire. Ils signalaient dans le partage forcé imposé par le Code, une cause de jour en jour plus marquée de dissolution pour les intérêts du pays.

Ils faisaient observer que tandis qu'en « Angleterre,
» l'atelier paternel reste dans la famille, chez nous,
» rarement l'œuvre du père est continuée par le fils.
» C'est une force vive dont notre Code civil semble avoir
» pris pour mission de briser les organes ». Puis, après avoir signalé la décadence de nos établissements coloniaux, ils concluent en disant : que « comme pères de famille et
» comme observateurs de la Société actuelle, ils se croient
» fondés à regarder la loi actuelle des successions comme
» une cause permanente de démoralisation sociale et
» politique et cela par la faute de ces fils qui, repoussant
» le travail, refusent leur part d'action à la grande com-
» munauté dont ils font partie. Ils désertent la famille,
» ils contractent et développent autour d'eux des mœurs
» désordonnées, et les habitudes d'un luxe scandaleux.
» Inutiles et pervertis, ils cherchent à enrayer leur déca-
» dence par un mariage d'argent. Pères de famille
» incapables et sans autorité, ils voient le plus souvent
» disparaître entre leurs mains oisives, les derniers vestiges

» d'un patrimoine qu'il était de leur devoir de féconder
» au profit de la Société. »

Il était difficile de mieux dire et de montrer dans un
jour plus complet que ne le fait cette pétition qu'il faudrait
citer d'un bout à l'autre, le déchet que souffre la Société
Française, par cet affaiblissement de l'autorité du père
que nos lois privent du droit de confier l'atelier et le foyer
de la famille au plus capable et au plus digne de ses enfants.

Mais, nous dira-t-on, à côté de ce fils privilégié dont
vous voulez faire le continuateur du père de famille, que
deviendront les autres fils ? C'est à cette question précisément que répond la pratique de l'Angleterre et la diffusion
de la race anglaise sur tous les points du globe. Chez nos
voisins, quand ces fils sont arrivés à un âge compétent et
qu'ils ont reçu une éducation en rapport avec la position
de la famille, on leur met dans les mains un capital
honnête et on leur tient le discours suivant : « Mes fils,
» vous le voyez, il est temps de penser à votre avenir,
» jetez donc les yeux devant vous, la terre est longue et
» elle est large. Allez, cherchez-y votre place et pros-
» pérez. »

Les Anglais pensent qu'un garçon qui a reçu de l'éducation et que l'on met à même de gagner sa vie, doit se
tirer d'affaire, et vivre de son travail.

Alors, ces jeunes gens, suivant l'exemple de ceux qui
les ont précédés et à l'exception de ceux qui trouvent à se
caser en Angleterre, prennent le parti d'aller chercher
fortune au loin. Ils s'en vont qui à *Sydney*, qui à *Aukland*,
qui à *Cap Coast Castle;* enfin, dans l'un des vastes territoires ouverts aux émigrants et abrités par le pavillon

britannique. C'est ainsi que se développent incessamment les colonies anglaises qui toutes conservent naturellement des rapports avec la mère-patrie et ouvrent de nouveaux horizons à son commerce.

Maintenant, si l'un des jeunes hommes dont nous venons de parler ne réussit pas, le foyer de la famille n'a pas disparu et il est toujours là prêt à lui donner au besoin aide et protection.

Une des erreurs les plus répandues est celle qui fait du partage forcé une des conquêtes de 89 et une application des principes proclamés à cette époque. Rien de moins conforme à la vérité, car la déclaration des droits respectait la liberté testamentaire. Ce fut à la fin d'une de ces longues et ardentes séances de la Convention, alors que toute autorité semblait devoir être abattue, alors qu'il fallait agir sans délai et sous l'impression du moment que fut prise la résolution suivante :

La Convention Nationale décrète que la faculté de disposer de ses biens, soit à cause de mort, soit entre vifs, soit par donation contractuelle est abolie.

En conséquence, les descendants ont un droit égal sur les biens de leurs ascendants.

Peu après, la même Assemblée rendait deux autres décrets portant que les *enfants nés hors mariage succéderaient aux biens de leur père et de leur mère,* et que *les enfants naturels seraient admis au même titre que les enfants légitimes aux successions de leurs auteurs.*

Voilà en fait de dignité et de moralité où nous étions descendus.

Le premier de ces décrets, modifié dans l'application, mais non dans son principe par le code Napoléon, est encore la loi qui nous régit, loi qui, nous croyons l'avoir montré, tarit dans sa source ce mouvement d'émigration sans lequel nos colonies ne peuvent que languir, bien loin de s'accroître et de prospérer.

Voila donc une des principales conséquences de ce partage forcé qui faisait dire à lord Caslebreagh, en 1815, lorsque l'influence de l'empereur de Russie nous faisait rendre, ou à peu près, les frontières de la France de Louis XIV. « Après tout les Français sont suffisamment affaiblis par leur régime de succession. »

Oui, c'est par là que, selon l'expression railleuse du *Times*, après toutes ses évolutions, la France se retrouve toujours la France et rien de plus, pendant que d'autres nations s'étendent au loin dans l'un et l'autre hémisphère. Voilà ce qui contristait jusqu'au fond de l'âme Prévost Paradol, lorsqu'il entrevoyait avec une suprême douleur la France de l'avenir au milieu de peuples qui formeront d'immenses empires, réduite au rôle que jouait Athènes dans l'empire d'Alexandre.

Pour guérir un mal, il faut d'abord avoir le courage de l'examiner de sang-froid et c'est ce que nous avons cherché à faire dans cette étude sans amertume, mais aussi sans aucun des faux ménagements dictés par la vanité nationale. On voit par là quelle est chez nous l'étendue de ce mal et la nécessité de l'attaquer dans sa racine, c'est-à-dire dans notre loi des Successions. Puissent nos législateurs, bravant des clameurs insensées, avoir le courage d'apporter à notre Code Civil les quelques modifications dont l'expérience démontre chaque jour la nécessité !

En Europe, laissant de côté les luttes d'Etat à Etat, les peuples sont rongés par une lèpre intérieure, la discorde entre ceux qui possèdent et ceux qui vivent du travail de leurs mains. Ce fléau prend parfois des proportions redoutables et de nos jours, chacun en a gardé le triste souvenir, il a rougi de sang le sol de la patrie. Or, autrefois la paix régnait dans les ateliers. Rechercher comment elle a été troublée, ainsi que les moyens propres à la rétablir, tel est le but que s'est proposé M. Le Play. Pour y parvenir, il a plusieurs fois parcouru l'Europe entière, ne voulant accepter d'autres solutions que celles données par l'expérience ; mais étudiant sur les lieux les institutions qui rendent les peuples prospères et celles qui sont pour les nations des signes de décadence.

C'est à la suite de ces investigations qu'il est parvenu à formuler le programme des réformes nécessaires pour rétablir dans notre société la paix et l'harmonie. La première vérité

que ces recherches lui aient montré avec évidence, c'est que
toutes les nations prospères s'appuient sur la religion et
il fait observer que c'est de l'affaiblissement chez nous du
sentiment religieux que datent et nos divisions et l'état toujours
instable de notre société. Or, nous devons l'introduction de
ces maux à des étrangers. C'est pendant la première moitié
du dix-huitième siècle, que l'anglais Bolingbroke est venu à
deux reprises propager dans les salons parisiens le scepticisme
religieux. Voltaire, formé à son école, a continué son œuvre.
J.-J. Rousseau y a travaillé à son tour et érigé en science le
sophisme anti-chrétien. D'autre part et en même temps, Adam
Smith, étranger à la pratique des ateliers, en discréditait les
meilleures coutumes. Turgot l'a suivi dans cette voie et l'a fait
adopter en France. Puis Franklin et Jefferson vinrent déve-
lopper chez nous des principes de révolte en politique.
Lafayette et ses compagnons mirent un grand zèle à les
appliquer et à ruiner la monarchie. Ils ne s'arrêtèrent qu'en
voyant l'abime qu'ils avaient creusé; mais il n'était plus temps.
et les hommes de la Terreur, après s'être débarrassés des
hommes de 89, achevèrent en deux années la plus grande
œuvre de désorganisation sociale qui ait jamais été opérée
spontanément au sein d'une nation riche, lettrée et puissante.
Or, ce n'est pas tout, car cette même France garde religieu-
sement les faux dogmes de la révolution et les idées sub-
versives que Bolingbroke, Frédéric II et Jefferson nous ont
inculquées ; tandis que les Anglais, les Allemands et les
Américains, les ont répudiés après avoir été témoins des maux
qù'ils nous ont causés.

Cependant le souvenir de ces catastrophes a fini par nous
instruire et parmi nous, une nouvelle génération s'est formée
qui rompt formellement avec les erreurs de la révolution.

Par ses travaux, cette génération gagne l'esprit de la jeu-
nesse lettrée et peu à peu le vide se fait autour de ces anciens
maîtres qui en glorifiant l'erreur. avaient acquis une renommée
de mauvais aloi. Mais si ce travail se fait chez les hommes
d'étude, il n'en est pas de même au sein des populations
urbaines et manufacturières qui tirent leur subsistance du
salaire quotidien. Quoique plus intéressées à la réforme; elles

n'en voient pas encore les bienfaits. Elles persistent dans leurs erreurs et ce mal durera tant qu'elles seront privées des garanties traditionnelles qui ont été détruites aussi bien dans les coutumes du travail que dans le cœur des patrons par les imprudences de la royauté et par les violences de la Terreur. Sous ce rapport, en Europe le mal est général. A l'étranger comme en France les ouvriers des villes et des manufactures ont conçu une haine qui va croissant contre toutes les formes de l'ordre social. Quand les partis politiques se disputent le pouvoir, la population ouvrière préfère toujours la forme de gouvernement la moins stable, et toujours elle prête son concours à ceux qui veulent renverser l'ordre établi, enfin toujours les ouvriers se groupent avec prédilection autour des hommes de proie ou de violence qui tendent à le troubler.

Cette disposition de la classe ouvrière a déjà produit de grands maux et en produira de plus grands encore, si on ne remédie à ces souffrances, car ces souffrances sont réelles et les patrons peuvent les adoucir en assurant l'existence des familles groupées dans leurs ateliers. Le meilleur moyen d'y parvenir serait de rétablir les coutumes séculaires observées dans les contrées où la paix sociale se conserve, coutumes qui se réduisent à ces règles principales : rendre permanents les rapports entre les patrons et les ouvriers et se soumettre les uns et les autres aux préceptes de la loi divine.

Travailler à procurer aux ouvriers ce double bienfait, a été l'origine de l'*Union de la Paix Sociale*. Ceux qui s'y associent se proposent de concourir à apaiser des discordes de jour en jour plus menaçantes et qui envahissent de proche en proche les ateliers de travail. Dans ce but, ils font appel à l'expérience. Ils trouvent dans l'histoire et dans l'observation des sociétés du temps présent, certaines règles de conduite qui engendrent invariablement la paix, tandis que d'autres créent ou entretiennent la discorde. Or, ces faits étant démontrés, tout homme de bonne foi qui les étudie, renonce nécessairement aux erreurs accréditées et revient à la vérité.

Depuis sa fondation au 1er juin 1871, l'*Union de la Paix Sociale* s'applique à répandre ses connaissances en propageant les livres qui composent sa bibliothèque. Chaque membre souscrit annuellement pour dix francs et reçoit en échange une valeur égale de ces livres. D'autres membres dits fondateurs souscrivent pour cinquante francs par an.

L'Union de la Paix Sociale est donc une association scientifique, ayant pour but l'étude des Sociétés humaines par la méthode d'observations : Parmi les réformes à introduire dans nos mœurs, M. Le Play a signalé particulièrement la nécessité de rétablir dans nos institutions le respect de Dieu, le respect du père et le respect de la femme.

Le respect de Dieu en rétablissant le repos du dimanche; le respect du père en lui rendant la liberté testamentaire; le respect de la femme en autorisant dans une mesure convenable la recherche de la paternité. Que les questions aient déjà progressé dans l'opinion publique, c'est ce qu'on ne saurait méconnnaître.

L'*Union* se subdivise en groupes locaux indépendants les uns des autres, et prenant pour guides les livres composant la bibliothèque de l'*Union*, ces membres les propagent autour d'eux.

Ils sont d'ailleurs engagés à étudier eux-mêmes les questions qui se rattachent au programme de l'*Union* et à en faire accepter autour d'eux les solutions par les moyens qui leur semblent les meilleurs.

A Rouen, le correspondant de l'*Union*, est M. Robert, chanoine, rue St-Romain, cours des Libraires.

Nous terminons cet exposé sommaire en insérant ici la liste des ouvrages offerts en échange des cotisations.

COMPOSITION DE LA BIBLIOTHÈQUE AU 1er NOVEMBRE 1875.

NOTA. — Les Auteurs et les Editeurs se sont interdit tout profit sur ces publications.

1re SECTION. Ouvrages de M. F. Le Play et des collaborateurs qui, en appliquant la méthode à l'étude des *Familles*, ont préparé l'étude des *Sociétés*.

Les Ouvriers européens. Ouvrage couronné en 1856 par l'Académie des sciences de Paris. Epuisé depuis 1856. 1 vol. in-f°; Imprimerie impériale. — Prix d'émission, 60 fr. Prix actuel aux ventes publiques. .... 130 fr.

Les Ouvriers des deux mondes. — 4 vol. in-8°. (1858 à 1863). - 1re partie du tome V (1875). — Prix du vol......... .... 10 fr.

Instruction sur la méthode d'observation des monographies de familles. -- 1 brochure in-8°. Prix .... 1 fr.

Bulletin des séances de la société d'Economie sociale. in-8° (1866 à 1875). — Prix du volume........... ..... 8 fr.

2e SECTION. Ouvrages de M. F. Le Play et des collaborateurs qui ont préparé l'*Union de la Paix sociale*.

La Réforme sociale. — 3 vol. in 18; 5e édition (1874.) — Prix .... 7 fr.

L'Organisation du travail. — 1 vol. in-18; 3ᵉ édit. (1871). — Prix.................. .... 2 fr.

L'Organisation de la famille. — 1 vol. in-18 ; 2ᵉ édition (1875). — Prix............................. 2 fr.

La Paix sociale après le désastre. — 1ʳᵉ édition (1871), épuisée. — 2ᵉ édition (1875), augmentée. — 1 broch. in-18. (Sous presse.) — Prix........... .. .. 75 cent.

Correspondances sur l'Union de la paix sociale. — Huit broch. in-18 (nᵒˢ 1 à 8). — Prix de chaque broch........... .... 30 cent.

Nᵒ 1. L'urgence de l'Union en France. — Nᵒ 2. L'Accord des partis politiques. — Nᵒ 3. Le retour au vrai et le role du Clergé. — Nᵒ 4. La Question sociale et l'Assemblée nationale. — Nᵒ 5. Les Principes et les Moyens du Salut. — Nᵒ 6. La Presse périodique et la Méthode. — Nᵒ 7. Préludes aux Unions nationales et locales. — Nᵒ 8. La Méthode expérimentale et la Loi Divine.

3ᵉ SECTION. Publications du Comité d'Union de Paris.

Groupe du Poitou. L'Union adoptée comme auxiliaire par les institutions fondées sur le Décalogue éternel, par M. Emm. de Curzon. — Prix........ . ... 30 cent .

La Constitution de l'Angleterre considérée dans ses rapports avec la loi de Dieu et les coutumes de la Paix sociale, par M. F. Le Play, avec la collaboration de M. A. Delaire. — 2 vol. in-18 (1875). — Prix................. 4 fr.

Annuaire de l'Union pour l'an 1875. — 1 vol. in-18 (1875). — Prix..................................... 2 fr.

LA BIBLIOTHÈQUE ANNEXÉE

Ouvrages publiés pour seconder l'œuvre de l'Union

Comte DE BOUSIES : *La Liberté testamentaire en France*. — Comte DE BREDA : *La Loi de Dieu et les règlements sociaux*. — E. DEMOLINS : *Le Mouvement communal et mnnicipal au moyen âge*. — CLAUDIO JANNET : *Les Etats-Unis contemporains*. Les idées, les mœurs et les institutions aux Etats-Unis, depuis la guerre de Sécession. — Chevalier A. DE MOREAU D'ANDOY : *Le Testament selon la pratique des familles stables et prospères*. — CH. DE RIBBE : *Les Familles et la Société en France avant la Révolution*. — *La vie domestique, ses modèles et ses règles*.

FIN.

Havre.— Imp. MIGNOT, rue de l'Hôpital, 16.